諷詩調 · 14

物神時代 · III

박진환 제32시집

지성 · 감성의 메타언어
조선문학시인선 · 294

諷 詩 調 · 14

物神時代 · Ⅲ

조선문학사

▌책머리에

나의 시, 나의 시론

— 諷詩調를 중심으로

1. 전제

시인에 따라 시와 시론은 각기 달리 할 수 있다. 이는 시가 공식이나 방식에 구애 되지 않는 그 중 자유로이 정서나 관념 또는 체험이나 삶 자체를 표현할 수 있는 창조물이기 때문이다.

공식이나 방식은 그 결과가 단일한 답으로 제시된다. 고로 공식이나 방식 이상의 것을 이끌어 낼 수 없고 공식과 방식을 버리고는 존재할 수 없게 된다. 이에 비해 시는 공식이나 방식을 초월함으로써 어떤 틀에서 자유로울 수 있게 된다. 흔히 시를 말할 때 논리가 끝나는 곳에서 출발하거나 논리를 초월한다고 한다. 이는 그 어느 것에도 구애를 받지 않는 자유스러움을 의미한다.

시를 상상력으로 보는 것도 이 때문이다. 상상력의 궁극적

창조성은 일찍이 베이컨이 지적했던 것처럼 자연이 결합시켜 놓은 것을 해체할 수도 있고, 자연이 해체 시켜버린 것을 다시 결합할 수도 있는 결합과 해체를 자유로이 할 수 있기 때문이다.

이는 자연의 질서마저도 자유로이 변용해 낼 수 있다는 뜻으로서 시는 자연의 질서를 역행할 수도 있고, 또 질서 자체를 새로운 질서로 창조해 낼 수도 있다는 뜻이 된다. 이는 곧 상상력이 시가 되는 이치를 말해주는 것이 된다.

그렇기는 하나 시가 상상력 자체만으로 이루어지는 것은 아니다. 왜냐하면 상상력으로 시의 질료이자 자료인 이미지를 재생시키고 재생시켜 결합과 해체를 자유로이 함으로써 통합적 감수성을 체험하게 해준다는 점에서 체험이 중시된다.

체험 잔유물인 이미지가 전제되지 않는다면 이끌어낼 수도, 이끌어 내어 결합이나 해체를 자유로이 할 수도 없기 때문이고, 그렇게 되면 결합과 해체가 체험하게 해주는 통합적 감수성, 즉 시의 마술적 감동 또한 체험하게 해 줄 수 없기 때문이다.

이 점에서 시는 체험과 상상력의 상보적 역할에 의해 씌어진다고 할 수 있고, 이 점에서 시는 단순한 정서나 감각만이 아닌 인간의 정신적이고도 내면적인 능력에 의해 창조된다는 것을 알 수 있게 된다.

이쯤에서 주어진 명제인 나의 시, 나의 시론으로 돌아가

보기로 한다. 먼저 「나의 시」 부터 말해야 할 것 같다.

2. 나의 시

나는 그동안 1천 3백여 편의 자유시와 7백여 편의 諷詩調를 써왔다. 이 2천여 편의 시는 『박진환시전집 I · II · III』 권에 고스란히 수록되어 있다.

2천여 편의 시는 일찍이 孔子가 말한 시 3백이면 思無邪란 3백 편에 비하면 무려 7배나 많은 양이다. 그런데도 思無邪는커녕 걸러내지 못한 찌꺼기와 앙금이 너무 많은 얼룩으로 시에 배어 있다. 한마디로 시다운 시를 쓰지 못했음이거나 시재가 없었던 것으로 볼 수박엔 없다.

시는 양으로 말하기 보다는 질을 선행시켜야한다는 것이 내 생각이다, 그러면서도 양을 줄이지 못하고 질을 높이지 못하니 思無邪가 아니고 思有邪에서 한발짝도 벗어나지 못하고 있는 것으로 여겨진다. 그래서 부단히 思無邪에 도전하면서 시를 써가고 있다.

근래 들어 정확히 2000년 중반부터 나는 諷詩調란 타이틀을 걸고 3행 諷詩調에 전력 투고 하고 있다. 그리고 1천여 편의 諷詩調를 8권의 시집으로 묶고 있다. 그렇다고 해서 諷詩調가 3행시니까 하루에도 몇 편씩 썼으리란 생각은 오산이다. 왜냐하면 단순히 3행으로만 나열한 것이 아니고 그 3행 속엔 나름대로의 시론과 시법을 매우 중시했기 때문이다.

이 부분 「나의 시론」에서 밝히겠거니와 먼저 「나의 시」로 제시한 諷詩調부터 말해보기로 한다.

여러 지면을 빌어 되풀이 했지만 諷詩調란 時調의 미스 프린트도, 시조의 조건과도 아무런 상관이 없는 자유시의 일종이다, 그러면서도 諷詩調라고 時調가 아닌 詩調로 명명한 것은 풍자를 중시하는 풍자쪼로 씌어지고 있음을 의미한다. 여기에서 '풍자시쪼'의 쪼는 한자 調가 되므로 풍자쪼, 풍자투로 쓴 시란 의미로 명명한 것이 諷詩調인 셈이다. 그 때문에 비록 시조와 유사한 외형상의 3행이라는 틀을 지니고 있지만 시조에서 조건으로 하고 있는 자수율이나 율격을 비롯한 三章六句라는 틀에서 전혀 자유로운 자유시로서 다만 3행이라는 외형상의 동일성을 지니고 있을 뿐이다. 그리고 굳이 3행을 고집하고 있는 것은 時調와 詩調가 동음이의의 편이듯이 시조의 3행을 외형상의 시행으로 선택함으로써 시조의 이미지가 환기시키는 시적 어필을 계산에 넣었음을 고백하지 않을 수 없다. 그 때문에 시조와 諷詩調는 시조의 미스 프린트, 조건과도 전혀 무관한 자유시의 한 장르쯤의 되게 된다. 諷詩調는 1행이 25자 이내의 3행 구조를 지니면서 起·承·轉·結의 시적 효과를 최대한으로 극대화 하고자 하는 고도로 압축되고 축약된 시의 형식을 취하고 있다.

絶句體의 근체시에서 볼 수 있는 起句, 承句, 轉句, 結句를 이끌어내는 기승전합을 3행의 시행으로 완결하고 있는 諷詩調는 그래서 1행이 詩思와 함께 이를 전개시키는 起承의 역할을 하기도 하고 1, 2행이 이를 맡기도 하다가 3행에서 이를 전환하여 시 전체의 시를 종결시키기도 하고 이와 반대로도 자유로이 구사함으로써 사용자 지편이는 각자의 의도에 맡기게 된다. 그 때문에 3행이 외형상의 조건이기는 하나 그 내용에 있어서는 전혀 자유로운 자유시가 되게 된다

또 하나 외형상의 특징은 진열된 3행의 시형이 3행 모두 行頭가 아닌 行尾에 맞춰지게 함으로써 기존의 모든 시가 보여주는 行頭에 맞춰 진열하는 형식을 버리고 행에 끌어다 맞추는 기존의 틀에 대한 반역을 꾀했다. 이는 형태상의 시각적 관심과 함께 컴퓨터 시대의 시형으로 얼마든지 알맞을 수 있다는 계산이 깔려 있다.

어떤 의미에서 諷詩調는 참여시 계열과 동류항을 지니고 있다. 그것은 諷詩調가 '순수한 痛懲'을 시법으로 하고 있기 때문이기도 하지만 역으로 풀어보면 諷詩調의 풍자 투가 필요로 한 것이 '순수한 통징'이었기 때문이라는 상보적 필연적 불가분의 관계라고 할 수 있다.

諷刺는 현실적 부조리나 비리, 부패, 부정, 악행 모순 등을 비판과 고발로써 감행하는 일종의 시의 복수라고 할 수 있다. 그 때문에 깎아내리기, 비아냥하기, 헐뜯기, 조롱하기 등 비판과 고발을 통한 악의 교정 내지는 개선의 의도가 선행될 수밖에 없게 된다.

諷詩調도 같은 맥락성을 지닌다고 할 수 있다. 시대적 부조리나 현실적 악행은 물론 힘을 앞세우는 패권주의나 기계

문명에 편승한 물신사상 그리고 핵의 위협이나 목을 죄어오는 환경오염의 위기에 직면한 삶의 당면은 물론 지구촌의 비극을 비판하고 고발함을 시역으로 설정하고 있기 때문이다. 비판과 고발은 현실을 직시했을 때만이 가능하다. 직시만이 악을, 부조리를 위기를 바로 볼 수 있는 견자적 시각으로 작용할 수 있기 때문이다. 그리고 이러한 견자적 시각만이 포착하고 투시하며 투과할 수 있는 배후에 가려져 있는 부정과 부패를 비롯한 악을 근원적으로 바로 볼 수 있게 된다. 그리고 현실은 이런 시인들의 견자적 시각을 요구하고 있는 것이 사실이다.

불행히도 이러한 시대 현실을 살아가면서도 정서적 관념적 유희를 즐긴다면 이는 주어진 시대나 현실을 초극한 것이 아니라 직시할 수 없음으로써 외면한 채 살아가는 일종의 도피일 수밖에 없게 된다.

시인은 스스로에게 주어진 시대나 현실에 충실해야 하고 그러기 위해서는 시대나 현실을 담아낼 수 있는 容器를 지니고 있어야 한다. 이러한 용기를 나는 諷詩調로 제시하고 싶다. 시대적 부조리나 외압으로 가해오는 문명과 문명에 편승한 현실적이고도 정신적인 위기는 물론 실증적 삶이 체험해야 하는 부정부패를 비롯한 제반 모순 같은, 외면할 수 없는 당면을 앞에 하고 諷詩調는 이에 대한 '순수한 통징'을 감행함으로써 살아 있는 육성의 시이기를 희망한다.

「나의 시」로 제시한 諷詩調가 바로 이러한 시이고 이러한 시에 대한 신뢰가 곧 시에 대한 나의 믿음이자 신앙이고 고백이 된다.

이어서 나의 시론을 제시해 보고자 한다.

여기에서 '시론'은 나의 경우 '시법'으로 대체하고 싶고 그 때문에 나의 시론은 나의 시법으로 대신하고 싶다.

3. 나의 시, 나의 시법

현대시는 현대 시학의 시법에서 출발된 시다. 그리고 현대 시학은 신비평 시학의 이론을 바탕으로 경작된 시다. 그 때문에 현대 시법은 고스란히 신비평 시법과 그 궤를 같이 할 수밖에 없게 된다.

신비평은 주지하다시피 시를 중심으로 이루어져 왔고, 시의 언어는 과학의 언어와 다르다는 전제에서 출발한 시학이다.

합리적인 논리와 논리로써 입증하고자 하는 타당성을 생명으로 하는 과학적 언어와는 달리, 이에 대응되는 논리를 초월하거나 논리가 끝나는 곳에서 출발하는 언어, 즉 이미지와 상징과 같은 애매성을 중시하는 곳에서 출발한, 그 때문에 시의 구조적 분석을 매우 중시한다.

구조란 여러 재료를 동원, 꾸며 만드는 것을 의미한다. 그 때문에 동원된 여러 요소의 상호 의존 내지 대립·모순의 관계를 수반하고 필연화 한다. 말하자면 일종의 의도된 조립이란 뜻인데 이점에서 일컫는 현대적인 기획과 무관 하지 않는 지적 조작성을 필연화하게 된다.

이를 지적, 랜섬은 “시인은 두 가지 일을 동시에 하지 않으면 안된다. 하나는 논리적 구조를 만드는 일이며, 다른 하나는 운율을 만드는 일”이라고 지적한 바 있다.

구조와 대립되는 말은 시에 있어서 산문적인 의미와 모순되는, 이질적인 것으로서의 의미와 모순되는 것으로서의 조작이며, 이런 의미에서 조작은 운율과 비유를 포함하게 되는데 다시 랜섬에 의하면 “의미에 적합한 언어는 운율에도 적합하도록 조작되고 변경되지 않으면 안된다. 이렇게 하여 시가 만들어진다”고 말하고 있다.

이 말들을 종합해 보면 신비평의 골격이랄까, 시법을 추출해 조립해 볼 수 있다. 시에 있어서 산문적인 의미와 모순되는 이질적인 것으로서의 조작은 일종의 지적 조작을 의미하는 것으로서 의도적으로 논리적 진술을 역행한다는 뜻이 된다. 논리적 진술의 역행은 합리에 역행되고 역행됨으로써 불합리를 수반하고 동시에 대립과 갈등과 모순을 필연화하게 된다.

여기에서 아이러니와 역설이 탄생하고 이 탄생이 비유를 성립시킨다. 그리고 비유는 논리적 진술로써는 드러낼 수 없는 것을 드러내는 이른바 사실로써는 진술할 수 없는 사실 이상의 진술을 성립시키고 동시에 사실에서는 체험할 수 없는 감동을 체험하게 함으로써 喚情的 陳述이 되게 된다.

시는 바로 대립·모순되는 언어로써 논리적 언어를 초월하게 되는데 역설의 미학이나 아이러니, 펀과 같은 산문적 의미와 모순되는 지적 조작에 의해서 탄생되는 언어 미학이 되는 것은 이 때문이다.

현대시가 서로 대립되는 양극화, 이 양극화를 화해로운 시적 질서로 이끌어 내는 원인적 비유, 비유를 성립시키는 지적 능력으로서의 위트와 컨시트, 아이러니나 펀 등을 레토릭으로 하는 것은 그 때문이다. 그리고 이러한 레토릭을 시법의 정공법으로 구사한다는 점에서 諷詩調는 현대시와 어깨를 나란히 하는 반열의 위상을 확보하고 있다고 할 수 있다.

3. 諷詩調에 나타난 현대 시법의 여러 양태

諷詩調에 빈번하게 드러나고 있는 양극화는 현대시가 중시하는 레토릭의 하나로서 이는 諷詩調 시인들이 현대시법에서 시를 출발시키고 있음을 보여주는 단적인 예라고 할 수 있다.

양극화란 주시하는바와 같이 북극과 남극, 음극과 양극과 같은 二極을 의미한다. 자석의 양극처럼 하나의 극이 두 극으로 나누어지는 성질을 가지면서도 두 극은 서로가 배척과 동시에 상대를 자기의 존재 조건으로 하는 양극화 현상을 양극성이라고 한다. 그리고 두 사물 사이에 심하게 거리가 있거나 상반되는 결집성을 지니는 것을 양극단이라고 하는 것은 주지하는 바다.

형이상시가 즐겨 시법으로 동원했던 양극화도 예외는 아니다. 형이상적인 것과 형이하적인 것의 결합이나 합일 또는 합성을 통해 서로 대립·모순, 상반 상충의 것을 화해로운 질서로 이끌어냄으로써 시적 질서를 창출하려는 시법이 양극화였기 때문이다.

특히 19세기 시의 형이상적 요소와 20세기 시의 형이하적 요소를 화해롭게 결합시킴으로써 제3의 시적 질서를 창출하고자 했던 제3유형의 시도 예외는 아니다. 19세기적 관념의 편향성과 20세기적 즉물성 편향성을 지양, 이를 합일시킴으로써 편향성을 극복, 총체성을 획득하고자 했던 것이 제3 유형의 시였기 때문이다.

서로 대립되고 상충 상반되면서도 두 이질적 요소를 결합시키는 시법을 원인적 비유라고 한다. 근원적 유사성이나 동질성이 아닌 극과 극 같은 동떨어진 것을 끌어다 결구시켜 팽팽한 시의 긴장을 유지시키고자 한 것이 원인적 비유다.

현대시는 바로 이 동떨어진 것을 결합시키는 비유에 의존되고 있는데 이는 상반·상충의 두 요소인 양극성의 것이 전제가 된다. 양극성의 전제 없이 이를 끌어다 폭력적으로 결합할 이유가 없기 때문이다.

양극화와 메타포는 이런 의미에서 별개의 것이 아니라 이질적 요소를 결합시키는 폭력적 결합의 레토릭으로서의 현대 시법이었던 셈이다. 폭력적으로 결합한다고 했을 때 그 결합의 대상이 전제하지 않는다면 폭력을 동원할 이유가 없게 된다. 그 전제가 된 대상이 다름 아닌 서로 동떨어진 상반 상충의 이질적인 양극성의 것이다.

시를 제시해 보자.

> 이름은 소인데 몸집은 대이며 몸집답게 힘 또한 대이다
> 대완 달리 사나움은 소이고, 소에 비해 어짐은 크니 대이다
> 소로써 대를 대신함은 덕이 큼이니 소가 대가 됨이 이러하다

예시는 졸시 「소」의 전문이거니와 '소'를 통한 '대'와의 대비는 거대한 몸집을 지닌 소의 외형만을 빗대어 이끌어낸 '대', '소'의 대비가 아니다. 소의 어짐과 어짐으로 덕을 읽어내는 형이상적 의미까지를 이끌어 내 외형의 배후에 드러나지 않고 숨겨져 있는 秘義까지를 이끌어 냄으로써 형이하학적 '소'의 외형과 형이상적 '소'의 어짐과 덕성까지를 이끌어 내 시적 질서로 합일시켜주고 있다.

이름은 '소'인데 소에 비해 몸집은 '대'이고 몸집답게 힘 또한 '대'라는 양극의 합일이나 몸집이나 힘이 '대'인데 반해 사나움이 '소'이고 '소'에 비해 어짐이 크니 '대'라는 소에서 대로 이동해내는 순발력으로서의 위트는 컨시트 자체라고 할 수 있다. '소'로써 '대'를 대신 함은 덕이 큼이니 소가 대가 됨이 이러하다'는 종행도 형이상적인 것과 형이하적인 것을 교묘히 결합시키는 컨시트에 의존된 양극화를 보여준 것

이라고 할 수 있다. 그리고 이러한 양극화와 양극화를 결합, 시적 질서로 이끌어내는 시법이 곧 형이상시법이고, 이점에서 諷詩調는 형이상 시법과 궤를 같이 한다고 할 수 있다.

양극화는 서로 다른 상충이나 상반 대립의 요소를 필연화하고 있고 갈등과 대립을 수반하기 마련이다. 그리고 이를 이완하거나 해소하지 못했을 때 심한 불안이나 긴장 · 초조 따위를 체험하기 마련이다. 여기에서 동원되는 것이 이에 대처하고자 하는 디펜스 메커니즘이다.

디펜스 메커니즘은 일종의 자아 방어기전이다. 어떤 반대력이나 위협에 대처하기 위해 동원한 자구 수단이란 뜻이다. 상반과 상충의 대립과 갈등이 야기시키는 불안 · 긴장 · 초조 따위에서 벗어나기 위해서는 몇가지 수단이 동원될 수 있다. 그 하나는 정면 돌파라는 물리적 힘이고 다른 하나는 문화적 수단이다.

시는 문화적 수단의 하나로서 사실을 왜곡 · 날조 · 위장 · 은폐함으로써 위기에 대처하고자 한다. 사실이 왜곡되면 사실과 그릇되게 된다. 이는 다시 말해 구원이 되기 위해서는 사실을 사실과는 다른 사실로 개조해야 한다는 뜻이다. 사실을 개조하기 위해서는 사실과 다른 사살로 꾸며내야 한다. 이때 꾸며낸 사실은 사실의 위장도 되고 사실을 은폐하는 것도 된다. 정신분석학에서는 이런 경우를 반동형성이라고 한다.

사실이 왜곡 · 날조 · 위장 · 은폐되면 낯설게 된다. 친숙성의 것이 비친숙성의 것으로 바뀌게 되고 그리하여 본디의 것이 본디와는 전혀 다른 것으로 태어나게 되는데 일종의 변형이나 변용이 이에 해당된다. 이렇게 해서 태어나는 것이 현대시이고, 諷詩調는 이러한 시법에서 출발함으로써 일종의 변용의 미학이 될 수밖에 없게 된다.

변용은 본디의 것과 그 형태와 모습을 달리함으로써 낯설 수밖에 없고 낯설기 때문에 비친숙성의 것이 된다. 친숙성을 의도적으로 차단, 자동 연계성을 거부함으로써 친숙성의 것과는 다른 새로운 모습을 드러내기 마련이다.

새로운 모습 그것은 친숙성의 것을 왜곡 · 날조 · 위장 · 은폐했을 때만이 가능하다. 이는 사실의 진술이 자살 행위라는 위기로부터 스스로를 방어하기 위한 정신분석학적으로 풀면 반동형성이 된다. 그리고 반동형성을 성립시키는 왜곡 · 날조 · 은폐 · 위장 등은 시적 레토릭에서 보면 메타포가 된다. 그리고 이러한 메타포는 위트가 발휘하는 순발력과 전환과 이동성을 통해 의외적이고 당돌하게 이끌어내는 컨시트에 의해 구체화된다. 그 때문에 양극화 · 메타포 · 컨시트는 서로 다른 명명과는 달리 한 뿌리에서 태어난 여러 모습처럼 내면적인 힘의 정신 본질에 잇대이게 된다.

양극화 · 컨시트에 이어 또 하나의 즐겨 동원되는 레토릭이 펀이다. 펀을 흔히 말재롱, 말장난이라고도 하고 언어유희라고도 한다, 여기에서 말재롱이나 말장난, 그리고 언어유희는 즐거움을 창출하기 위한 일종의 언어적 용법이거나 활

용 내지는 언어를 수단으로 하는 언술의 일종이다.

주지하다시피 시는 언어의 예술이다. 곧 말을 다루는 언술일 수도, 언어를 빈 수작일 수도 있고 언어의 유희일 수도 있다. 그리고 이러한 궁극성은 언어를 빌어 즐거움을 제공하기 위해 언어를 수단으로 하는 놀이쯤이 되게 된다. 그 때문에 언어로써 제공할 수 있는 순수한 즐거움에 이바지할 수 있게 된다. 그러나 현대시에서의 펀은 단순한 언어적 작희성의 한계를 넘어 언어의 맛과 멋을 한층 고조시키는 시의 레토릭의 하나로 자리매김하고 있는 게 사실이다.

그것은 펀이 단순한 기능의 언어유희가 아니라 위트만이 이끌어 낼 수 있는 순발력의 산물로서 컨시트만이 착상할 수 있는 기발한 시적 기능을 담당하고 있다는 점에서 위트와 컨시트의 산물인 펀의 시적 기능을 말할 수 있게 된다. 諷詩調가 펀을 즐겨 차용하는 것도 예외는 아니다.

가) 物神物神 썩어 문드러져 가는 세상
私惡私惡 잘라낼 刀圭의 칼날 있어
乞神乞神 못면한 허천기도 도려낼 수 있을까

나) 국제환경평가 OECD국가 중 코리아 맨 꼴찌
꼴찌가 뭐 그리 좋은거라고 북녘은 세계 꼴찌
나란히 꼴찌했으니 이름값 했네, 꼴, 꼬레, 꼬레아

가)는 졸시 「物神時代 · 170」의 전문이고 나)는 「나란히 이름값 한 꼴찌」이다. 예시 가)에서의 '物神物神' '私惡私惡' 그리고 '乞神乞神'은 같은 음을 가진 단어를 반복적으로 되풀이 한 일종의 복합어다. 반복법이 리듬을 조장하고 동시에 의미를 강조하는 효과를 지니듯이 예시한 첩어들도 뜻을 강하고 깊게 하는 이미지의 강조성으로 작용하게 하는 펀의 일종이거나 펀적 언어 활용이라 할 수 있다. 그러나 잘 들여다보면 첩어적 효용에서 나아가 시대적 정신공황이나 사회적 비리, 물신주의에 대한 강렬한 비판 의식을 담고 있어 단순한 언어유희가 아니라 통징의 문화적 역할까지를 담당하고 있음을 알 수 있게 한다.

나)의 경우도 같은 맥락이기는 하나 예시에서의 펀은 컨시트의 역할이 가미되어 있어 순발력으로서의 위트나, 위트가 이끌어내는 기발성도 맛 볼 수 있게 하고 있다. 국제 환경 평가에서 OECD국 중 코리아가 맨 꼴찌라는 사실에서 착상, 북한을 세계에서 맨 꼴찌로 격하시키면서 동시에 나란히 꼴찌했으니 동격의 이름값을 했다고 펀에 의탁하고 있다. 그러나 여기에서 끝나지 않고 꼴찌의 꼴을 빌어 꼴에 꼬레를 연계시키고 다시 꼬레에 꼬리아를 연계시킴으로써 꼴과 꼴찌나 꼬리 꼬레아로 이동시켜 잇대이는 언어의 전성을 통한 펀이나 순발력으로서의 위트나 기발성으로서의 컨시트를 동시에 체험하게 해주고 있다.

끝으로 諷詩調 하면 어느 시편에서도 예외없이 드러나고 있는 것이 통징이다. 기회 있을 때마다 언급했지만 통징은 일종의 징벌이나 엄벌을 의미한다. 잘못에 대한 일종의 응징으로서 법적 응징이나 물리적 응징이 징벌이나 엄벌로 행해진다.

그러나 통징의 경우 그 앞에 '순수한'이란 전제가 주어진다. 여기에서 순수란 법적이나 물리적 힘에 의한 응징이 아니란 뜻으로서 달리 풀이하면 · 문화적 · 예술적 · 시적으로 감행되는 징벌 쯤이 되게 된다. 이런 경우는 단테의 『신곡』에서 단테가 돌아갈 수 없는 고향에의 귀향 불능의 앙갚음을 지옥 연옥 천당의 순례로 응징했던 시의 복수와 같은 경우가 된다.

諷詩調에서의 순수한 통징도 시로써 감행하는 악이나 비리 부조리에 대한 징벌쯤이 된다. 그 때문에 정신적 감화나 잘못을 깨닫게 함으로써 체험 할 수 있는 감동에 값하는 카타르시스의 효용을 빌어 개선에 이바지 하게 된다. 필연적으로 노출되는 비아냥이나 조소 · 깎아내리기 · 헐뜯기 · 비판 · 고발하기와 같은 공격성을 전면에 배치할 수밖에 없게 된다. 그러나 그 이면에는 비리나 부조리가 죄악이라는 악을 일깨워줌으로써 깨달음으로 체험하는 감동을 통해 개선에 이르게 하는 시적 효용을 획득하게 하는 설득력으로 작용한다. 이러한 설득력은 諷詩調면 거의 예외 없이 지니고 있는 시적 효용인데 이는 諷詩調가 순수한 통징을 시법으로 하고 있음을 말해주는 것이 된다. 몇 편의 시를 제시해 본다.

가) 차마 팔지는 못했지만 저당 잡힌지는 이미 오래다
뭐냐고? 황금과 맞바꾼 양심이란 것이지
물신시대에는 양심이란 보따리가 짐만 되거든

나) 심장도 팔고 콩팥도 팔고 피도 파는 세상인데
팔고 싶어도 살 놈이 없어 못 파는 비위나 양심
탓하지 마시게 쓸모가 없어서 그래 그것 없이 잘 살거든

다) 해외선교다 해외봉사다 해외자 앞에 붙여야만 봉사던가
그러다 불행한 이웃 못 보면 진짜 봉사 못 면해
눈먼 봉사 되지 말고 눈 뜬 봉사로 사랑 실천해야 진짜 봉사지

예시 가)는 「物神時代·13」 나)는 「物神時代·77」, 그리고 다)는 「物神時代·37」의 각각 전문이다.

세편의 예시는 예외없이 '순수한 통징'의 감행을 보여주고 있다. 가)에서는 양심을 저당 잡히거나 황금과 바꿔버린 물신주의에 대한 비판이 나)에서의 심장·콩팥·피를 파는 세상 그러면서도 돈 준다 해도 사가지 않는 비위의 건장은 역설적으로 물신에 잘 길들여진 현대인의 병리적 현실은 고발한 것이 된다. 그리고 다)는 봉사란 가면을 앞세워 해외 봉사에 이바지 하다 정작 불행한 이웃을 외면해 버리는 진정한 봉사가 아닌 봉사의 허구성을 질타하는 순수한 통징의 감행

을 보여준 것이 된다.

이러한 일련의 비판 고발과 함께 잘못을 응징하는 시의 복수가 다름 아닌 순수한 통징이고 諷詩調는 이러한 통징을 시의 생명으로 하고 있다.

3. 결어

이상의 지적은 「나의 시」로서 諷詩調를, 「나의 시법」으로 형이상시법을 제시한 것이 된다. 특히 諷詩調 시법의 양극화나 컨시트나 펀 그리고 순수한 통징은 현대시법인 신비평이론이라는 점에서 현대시법을 대표하기도 한다.

앞으로 「나의 시」는 諷詩調로 諷詩調의 시법은 신비평 시법이란 점과 함께 나의 시법이라는 점도 밝혀둔다.

2011년 初夏

박 진 환

박진환 제32시집 / 諷詩調 · 14

物神時代 · Ⅲ

차례

物神時代・287・77
物神時代・288・78
物神時代・289・79
物神時代・290・80
物神時代・291・81
物神時代・292・82
物神時代・293・83
物神時代・294・84
物神時代・295・85
物神時代・296・86
物神時代・297・87
物神時代・298・88
物神時代・299・89
物神時代・300・90
物神時代・301・91
物神時代・302・92
物神時代・303・93
物神時代・304・94
物神時代・305・95
物神時代・306・96
物神時代・307・97
物神時代・308・98
物神時代・309・99
物神時代・310・100
物神時代・311・101
物神時代・312・102
物神時代・313・103
物神時代・314・104
物神時代・315・105

物神時代 · 316 · 106
物神時代 · 317 · 107
物神時代 · 318 · 108
物神時代 · 319 · 109
物神時代 · 320 · 110
物神時代 · 321 · 111
物神時代 · 322 · 112
物神時代 · 323 · 113
物神時代 · 324 · 114
物神時代 · 325 · 115
物神時代 · 326 · 116
物神時代 · 327 · 117
物神時代 · 328 · 118
物神時代 · 329 · 119
物神時代 · 330 · 120
物神時代 · 331 · 121
物神時代 · 332 · 122
物神時代 · 333 · 123
物神時代 · 334 · 124
物神時代 · 335 · 125
物神時代 · 336 · 126
物神時代 · 337 · 127
物神時代 · 338 · 128
物神時代 · 339 · 129

物神時代 · 237

가구당 빚이 4천3백만원이라 던데
4자 두 번 안 겹쳐서 그나마 천만다행
4만봐도 죽음 떠올리는데 44면 두 번 죽음이 돼서

物神時代 · 238

국민 1인당 빚이 1천만원이 넘는다는데 갚고 살날 있을까
못 갚으면 되물림, 그것만은 안되지
빚진 죄인이라던데 빚과 함께 죄까지 되물림 받아서야

物神時代 · 239

고지식한 건 좋으나 융통성이 부족하다는 원로의 충고
고지식에 융통성까지 갖췄으면야 금상첨화겠지만
둘은 분수 밖의 것이어서 하나로 사는 것을

物神時代 · 240

지니지 않고 비울 수 없듯이, 비우지 않고 채울 수 있겠는가
비우고 채움이, 채우고 비움이 둘이 아님이니
부처님의 가르침 무소유 不二가 그러하지 않던가

物神時代 · 241

비계덩이 육신의 살은 빼고, 살찐 욕망은 더 살찌우고자 하니
자가당착, 제마다 이중 잣대를 지녔음이다
꼬부랑말만 말고 조화 · 균형의 중용 배울 한문서당 있어야겠다

物神時代 · 242

북녘 붕괴 대비, 중국서도 대처강구중이라고
글쎄, 군침 다시는 곳 중 말고 따로 또 있겠구먼
헌대 군침만 다셨지 계륵과 같은 것이어서

物神時代 · 243

북녘 핵보다 심지 터뜨리는 민폭이 더 무서워
터졌다 하면 남녘으로 흘러들어올 화산 용암
3·8선으로도, 한미 방위 조약으로도 못 막아

物神時代 · 244

사돈네가 논만 사도 배 아파 하는 민족
한 술 더 떠 시기, 질투, 증오, 미움이 덕목이 돼버린 민족
그뿐인가 혈통같이한 형제끼리 내탓에 삿대질 일삼는데

物神時代 · 245

법정의 명저 「무소유」가 없어서 못판단다
무소유란 책으로 배우는게 아닌 攝心으로 지키는 덕목인데
탐심도 못바꾼 주제에 무소유를 감히 입에 담다니

* 攝心 : 불교에서 말하는 眞心의 하나.

物神時代 · 246

걸핏하면 사전에도 없는 국민배우, 국민가수 말 즐겨쓰던데
글쎄, 누구 맘대로 국민 자 함부로 쓰는 건지
허긴, 떴다 하면 붙여주는 싸구려가 국민자여서

物神時代 · 247

바람도 북녘을 거쳐온 바람은 심술 · 시샘에 꼬라지 부려
한반도에 산수유 · 개나리 만발했다는 꽃소식 듣고 도졌는지
누런황사로 발효된 심술 · 시샘기 재뿌리듯 꽃동산에 뿌리고 가

物神時代 · 248

일본과 과거사를 논한다? 글쎄, 웃기는 일 아닐까
바이킹에 침략 · 노략질에 강도짓, 못된 짓 골라 저질렀는데
덮기에도 급급한 부끄러움을 스스로 까발겨 내놓겠나

物神時代 · 249

여여! 야야!는 둘다 뚝뚝 정이 넘치는 감탄사인데
정치판만 벌어지면 감탄사! 창도 되고 칼도 돼 마구 찔러대니
여여! 야야! 다 도려내고 우리로 합침이 어떨지

物神時代 · 250

한켠 길 경찰차로 가로 막고 짜장면 즐긴 경찰과는 달리
짜증 게워내며 교통 혼잡 성토하는 시민
짜장 · 짜증 짜자로 동항렬인가 했더니 웬걸 견원지간인갑데

物神時代 · 251

날마다 걸려오는 짜증나는 선거 여론조사
하면 뭘 해
야론은 없고 여론뿐인걸

物神時代 · 252

따르릉 여론조사입니다, 신경질적으로 끊어버리는 전화
衆口는 축복의 문이란 말 있기는 허데마는,
글쎄, 與論만 가지고 문 열릴까, 野論도 있어야 제

物神時代 · 253

OECD 국가 중 복지투자율, 환경평가 나란히 최하위
최고 최대도 있어, 자살 율, 교통사고는 최고이고
남녀임금 격차는 최대거든, 허나 최하 · 최고가 다 낯뜨거워서

物神時代 · 254

외로움은 그리움을 낳고, 그리움은 외로움을 낳는
쌍생아
가슴만 외롭고 그리우면 뭘 해, 마음은 따로 雙愛 즐기는데

物神時代 · 255

천안함 침몰 놓고 좌초, 어뢰, 자폭, 북 개입 설 분분
불가에서 천안은 중생들의 미래까지 훤히 내다본다는데
같은 천안인데 천안함 침몰 원인은 한치 앞도 안 보인다니

物神時代 · 256

때 묻어 얼룩진 저 가슴에도 꽃물 들 수 있을까
꽃물 들어 순도 100%의 순수 피워낼 수 있을까
글쎄, 얼굴에도 가슴에도 죄다 철판 깔고 살고들 있으니

物神時代 · 257

에미 없이 탄생하는 자식 봤나
난세 없이 탄생하는 영웅 봤나
보면 뭘 하고, 탄생하면 뭘 해, 갈수록 난세 난세 겹 난세인걸

物神時代 · 258

같은 인질극 벌여도 알카에다 텔레반은 피의 의미를 알아
헌데 소말리아 해적들은 피보다 돈만 아는 야만인들
일제히 수장시켜버려야 할 인간쓰레기들을 재판까지

物神時代 · 259

제비 돌아오는 날 한 사발 햇볕과 한 사발 생수를 청하시곤
있는 힘을 다해 어머니를 부르시다 어머니곁으로 가신 어머니
삼짇날이면 어머니 넋 맞이듯 돌아오는 天女 맞이

物神時代 · 260

6자회담보다 천안함 침몰 원인 규명이 먼저라는 미국
자국함도 아닌 한국함 침몰이 핵보다 우선이라니
글쎄? 의리인가, 명분인가, 노림수 따로 있는 건가?

物神時代 · 261

物神의 심판과 정신의 유형

수직사고의 퇴화와 수평사고의 진화

신의 부재와 정신적 육법전서가 없는 시대의 죄와 벌

物神時代 · 262

해신, 지신, 천신의 분노일까, 노여움일까
대재앙으로 지옥촌이 되어버린 지구촌
허긴 정신이 추방당했으니 역신이 날뛰는 세상이 될밖에

物神時代 · 263

터지느니 지구촌 대재앙뿐
정신차릴 수가 없다고?
정신 유형 된지 오래인데 차릴 수가 없다니, 정신 나간 소리

物神時代 · 264

정신없이 산다, 정신 저당잡히고 산다, 정신붙들어 매놓고 산다
지당한 말씀
그게 물신시대의 생존법칙이거든

物神時代 · 265

미사일, 탱크, 비행기, 군함으로는 막을 수 없는
지진이라는 인류의 새로운 적
당할 수박에 없는 속수무책, 보이느니 문명의 한계와 무기력

物神時代 · 266

여,야 의원님들 윤중제 벚꽃 구경하셨나이까
너도나도 여의여의 물결 이뤄 상춘나들이 한창이던데
허긴, 계절도 없이 피고 지는 만발한 겹사쿠라 두고 벚꽃은 무슨

物神時代 · 267

까치집에 앉았던 낙조가 황금란 하나 품고 있다가
먹물의 어둠을 부화해 놓고 낙일 앞세우고 가버렸다
이 시대의 신앙인 황금란이 까놓은 어둠도 다르지 않느니

物神時代 · 268

상춘객들 보면 순수만이 벗할 수 있는 본능에의 순수 같다
허나 본능도 순수도 물신에 때 묻으면 더럽기 마련
때 묻어 얼룩진 이 시대, 꽃구경한다고 닦여지나

物神時代 · 269

머리 숙여 풀을 뜯는 초식동물과 허리 굽혀 농사짓는 농부
양육강식 즐기는 맹수와 문어발경영으로 부 즐기는 재벌
짐승이 사람 닮았나, 사람이 짐승닮았나, 어느 낙오자의 관찰기

物神時代 · 270

眞과 僞 뒤바뀌고, 玉과 石 뒤섞인지 이미 오래
수고로이 抱朴子 펼쳐 읽어 무엇 하랴
玉石混淆, 물신시대의 불문율로 회자된 지 오래인데

物神時代 · 271

OECD국 중 한국 어린이 생활 만족도 맨 꼴찌
탓하지 말거라, 아빠 땐 꼴찌에도 못 낀 열외였단다
꼴찌 거꾸로 풀면 첫째란 말이니 아이야, 첫째가 어디냐

物神時代 · 272

어린이날 맞아 무등 태워 함께 놀아준다고 꼴찌 면하겠냐만
아빠 시절 꼴찌에도 못 낀 등외신세에 비하면 양반이지
꼴찌가 어디냐, 등외신세, 상놈신세 면했으니 양반 아니냐

物神時代 · 273

아이야, 너희들 생활만족도가 세계 선진국 중 맨 꼴찌란다
1등만이 최고라고 가르친 우리들 죄가 크다마는
꼴찌 만족도 거꾸로 풀면 불만족 첫째 되니 1등이 아니냐

物神時代 · 274

천안함은 어뢰에 복부 맞아 터지고
김정일 방중으로 외교는 뒤통수 맞고 어지럼증인데
보란 듯 목에 힘주고 다리 절며 나들이하는 북녘 허세라니

物神時代 · 275

찰찰 넘치는 것이 강물말고 또 뭐가 있더라
검찰 · 경찰 · 감찰, 힘줄께나 세우는 것도 찰찰찰이지
찰찰 넘친 강은 살린다던데 죽어 가는 찰찰찰은 어찌 살리지

物神時代 · 276

북녘 핵융합 기술 두고 남녘 비아냥 콧방귀로 일관하던데
비록 감언이설의 혀들이라 믿을 건 못되지만 그럴일만도 아닐듯
그러다 빈말 아닌 一言千金 되면 콧방귀 천둥소리 안 될지

物神時代 · 277

시인 유리피데스는 처음이 나쁘면 끝 또한 나쁘다 했고
沙翁은 끝이 좋으면 다 좋다고 했던데, 남과 북은 달라
처음엔 握手, 끝엔 惡手로 끝나거든, 옛날 시인들이라 뭘 몰라

物神時代 · 278

선거철이면 90°로 허리 굽히기, 선거운동을 스포츠로 아남
철지나면 언제 그랬냐는 듯 꼿꼿한 허리에 목에 힘줄까지
몸가짐이 그러하니 어찌 마음가짐이라고 다르겠는가

物神時代 · 279

一字詩로도 시의 여백 빽빽이 채우고도 남는데
뭣 하러 풀어쓰고 섞어 쓰고 시 소설까지 쓰남
최소의언어투자로최대의감동마진으로챙기는언어경영인이시인것을

物神時代 · 280

국토도, 혈통도, 형제애도 죄다 동강나고, 천안함도 동강나고
동강나지 않는 성한 것이 어디 있던가? 있지
꼭 동강 나야 하는데 끄떡 않는 분단국이란 레테르 있지

物神時代 · 281

세계를 다스리는 두 힘, 칼과 마음
마음은 지녔으되 칼이 없으면 어찌 해야 하는가
水斷龍舟陸剸犀甲의 보검 지닌이 있으니 빌어쓰면 어떨지

* 수단용주육단서갑(水斷龍舟陸剸犀甲) : 물속에서는 용을 그린 배를 자르고 뭍에서는 물소가죽으로 만든 갑옷을 자른다는 뜻으로 칼이 날카로움을 이르는 淮南子의 말이다.

物神時代 · 282

묻노니 寸膠不能治黃河면 어찌해야 하는가?
마음접고 조용히 살것인가, 칠척장검 빌어 뜻 펼것인가
힘이 곧 진리란 역사의 가르침 좇아 그리해야 할 것인가

* 촌교불능치황하(寸膠不能治黃河) : 抱朴子의 말로 작은 힘으로는 큰일을 해 낼 수 없음을 이르는 말.

物神時代 · 283

미 항모 워싱턴호 서해진입 포기하고 동해로
훈련이니 동해면 어떻고 서해면 어떻겠는가 마는
등가려운데 배긁어줘서야, 허긴 배아팠던게 사실이지만

物神時代 · 284

언론마다 2+2로 도배하던데 수학이야, 외교용어야?
외교엔 까막눈이니 산술로 볼 밖에 , 2+2=4 , 2×2=4
4는 중국의 길수이고 2-2=0, 제로는 북녘의 허수 아닐지

物神時代 · 285

스승의 날 말고도 복날이면 제자들 안부전화 걸려온다
삼계탕, 보신탕에 약주도 한 잔, 헌데 부덕 탓인지 올핸 꽝이다
경제 꽝, 시도 꽝인 탓일까, 삼복더위 못면해 땀 흘릴듯싶다

物神時代 · 286

일 언론들 천안함 외교 북에 졌다는 보도던데
우린 싸운 적 없어, 싸워야 지고 이기고 하지 않던가
허긴 일방적으로 당하기도 하지, 천안함처럼 외교도 그래

物神時代 · 287

나랏님 새벽 4시면 기상하신다 던데, 그렇게나 빨리
잠이 없으신걸까? 나랏일 걱정이 많으신 걸까?
허긴 나라 돌아가는 꼴 보면 3시도 늦지

物神時代 · 288

여보 거꾸로 하면 보여, 上거꾸로 하면 下, 下거꾸로 하면 上
자살 거꾸로 해봐 살자지, 세상도 그와 같아서 뒤집히기 마련
뒤집히고 뒤집혀 굴러도 일어서는 동방삭이 아셔?

物神時代 · 289

미 국무 · 국방 나란히 방한해 약속 지켰네만
서해로 오겠다던 항모는 동해로 방향 틀어 약속 못 지켰어
허긴 尾生之信이란 게 순 구식이어서

* 미생지신(尾生之信) : 옛날 미생이란자가 연인과의 약속을 지키기 위해 다리 밑에서 기다리다가 그만 홍수에 익사했다는 고사에서 나온 말로 우직하게 약속만 굳게 지키는 우행에 빗대이는 말.

物神時代 · 290

상수도가 도시의 혈관이라면 하수도는 도시의 창자지
삼복 염병 앓이로도 부족해 물씬물씬 썩어가는 시궁내
코막고 가는 이여, 코만 성하면 뭘해, 내장 썩는 시궁내 안 나야지

物神時代 · 291

어찌하여 집권 한나라당이 성추행당 말 듣나
그렇게 양기 발동하다간 所犯傷寒 못 면해
국사 외면하고 방사 즐기다가는 당망신 받아논 밥상이여

物神時代 · 292

관능은 영혼의 무덤이라던데 성추행당 오명 쓴 집권당
그러다 집단 무덤 파지 않을지 몰라
무신의 꿈도 좋다지만 꿈깨면 문밖에 염라대왕 서 있을라

物神時代 · 293

7 · 28 보선서 한나라당 쾌승, 민주당 석패, 자유선진당 완패
개인 아닌 국민의 심판에 의한 승패이긴 허나
문제는 선거 끝나자마자 불감증에 걸려 버린 국민심판의식

物神時代 · 294

어느때고 할 수 있다고 미루는 것은 결국 못하고 만다는
영국인들의 속담
부동산 정책 엇박자로 무기연기, 영국속담 빌면 끝났다는 말

物神時代 · 295

독거노인 OECD국 중 최고, 최하만도 못한 최고 몇 번째냐
꼭 차지해야 할 최고는 항시 꼴찌 못 면하는데
꼴찌만도 못한 최고는 맡아 놓은 코리아 몫이어서

物神時代 · 296

집권당 성추행 뭐 그리 좋은 거라고 민초들 따라하는지?
민심외면 못해 집권당이 따라 하는지?
자고나면 성성성, 이러다 성병이 만연하면 나라꼴 어찌 되지

物神時代 · 297

성집성촌이면 사창굴과 다르지 않아
왕년에 사창굴 한번 안가본 놈 있겠냐만
그 짓도 한때인걸, 여직도 그 짓 못 면했다니 쯧쯧쯧

物神時代 · 298

독거노인 백만시대 , 자식들도 외면해버린 현대판 고려장
그나마 다행한건 산에 버려지지 않은 것
늙고 병든 몸엔 눈먼 새도 안 앉는다더니, 자식들까지

物神時代 · 299

또 최고래, 최고, 뭐가?
최하위만도 못한 독거노인 수 OECD국 중 최고래
허허 현대판 고려장 말이군, 그나마 산에 안버려졌으니 효도지

物神時代 · 300

장거리 미사일, 요격용 미사일 국산무기 쏠 때 마다 성공
문제는 방어용이냐? 공격용이냐, 쓰임새 따라 다르지만
허긴 핵에 비하면 장난감, 그나마 없으면 전쟁놀이 못해서

物神時代 · 301

미 국무 · 국방장관 비무장지대에서 망원경으로 북녘응시
뭘 응시한 줄 아남, 글쎄, 철조망? 핵공장? 김정일?
아니야, 김정일 앞세우고 등 뒤에 서있는 장꼴라를 본거야

物神時代 · 302

천안함 공격받은건 분명한데 누가 공격했느냐는 불분명
바다에서 일어난 일이니 용왕님은 아시는지요?
라몰, 노돈, 지부, 이나라카아, 이게 답이야, 거꾸로 읽어봐

物神時代 · 303

그늘 많은 가지 오선보삼아 음부로 매달린 매미들의 발성
발성마다 고저장단이 다른 불협화음이 화음 되는 이치를
아시는가, 본디 나무들은 원시의 목관악기였다는 걸

物神時代 · 304

성욕과의 싸움 가장 어려운 투쟁이란 톨스토이 말씀
싸우기는커녕 백기 들고 보는 무장해제 성범죄 촌
패배보다 얼굴 붉힐줄 모르는 저 파렴치가 내 얼굴 같아서

物神時代 · 305

TV 켤때마다 빠지지 않는 단골 메뉴의 뉴스 있지
성추행, 성희롱, 성폭력
단골메뉴 찾는 단골중 교장선생, 담임선생도 단골이시데

物神時代 · 306

목사님이 토막살인, 그것도 남이 아닌 제 아내를
고해성사하면 다 사면되는줄 알았나, 자수하게
몰랐나봐, 천당법 바뀌었다는걸, 살인자는 이제 염라대왕 몫이야

物神時代 · 307

동, 서, 남, 북 둘러친 강물
강물위엔 우글거리는 왕성한 식욕의 악어떼들
토끼 한 마리 겁에 질린 눈을 하고 허리 구부린채 살고 있다

物神時代 · 308

보수와 진보 한국식으론 영원한 맞수의 불협화음 못면해
한 · 일 합작으로 놀아봐, 서투른 발음으론 보지 · 진뽀 돼
음양 잘 맞아 밀월 즐기면 그게 합작 아니던가

物神時代 · 309

골대맞고 튕기는 한국볼은 노골, 꺾여들어간 우르과이공은 골인
축구 뿐이랴, 인생 골대도 헛발질과 正道行으로 승패 갈려
공도 인생도 매한가지, 구르기냐, 차 넣기냐지

物神時代 · 310

세종시 막종쳤어, 누구를 위하여 종은 울렸나
파시스트? 빨치산? 충청도민?
아냐, 잘가시오, 수고하셨습니다, 정 총리님

物神時代 · 311

섬에 갇혀살아서 그런지 섬것들인 쪽발이들눈엔 섬만 보이나봐
동해는 물론 釣魚島 · 쿠릴열도도 자기네거래
개눈엔 똥만 보인다더니 쪽발이가 발바리 됐나

物神時代 · 312

東風細雨이기엔 너무 뜨겁고, 그렇다고 輕風은 더욱 아닌
돌개바람 같기도 하고 회오리바람 같기도 한
한풍과 노풍이 맞닥뜨려 일으킨 바람, 행여 겁풍 불씨나 안될지

物神時代 · 313

미국무 클린턴은 클린치도 서슴지 않을 태세던데
중 다이빙궈는 콧방귀 뀌듯 딴청만
그도 그럴것이 접근법도 계산법도 서로 다르거든

物神時代 · 314

축구에선 박·박 명콤비로 발맞추고 호흡맞춰 골문 열던데
정치에선 박·박 엇박자로 열린 문도 닫아버려
국민들 박·박 박수치며 필승코리아인데 박 박만 닫힌 맘 못열데

物神時代 · 315

어뢰 한방에 세계가 이리 경기하면
핵 한방이면 어떻게 될까?
中·美에게 물어봐, 정답은 그쪽 사전에만 있으니까

物神時代 · 316

이기기를 좋아하는 자는 반드시 적을 만난다는
공자의 말씀에 귀기울여 볼만
마주한 주적 북녘, 그렇게 만난 적이나 안될지

物神時代 · 317

OECD국가 중 근로 시간 제일 긴 나라가 코리아
백수들은 일하고 싶어도 일자리 없어 처자빠져 노는데
쉬고 싶어도 일만해야하는 근로자, 길조냐? 흉조냐가 문제여

物神時代 · 318

꼴찌 아니면 꼴찌가 꼬리 물고 놓아주지 않는
OECD 국가 중 꼴찌 못 면하는 꼴에 꼴갑하는
꼴·꼴에 꼬리아

物神時代 · 319

가슴에 살아 있는 불씨는 언젠가는 다시 일기 마련
북풍도, 대풍도 잠재워버린 노풍이 그래
꼭 불어야 할 때 부는, 가슴이 본적지인 바람, 덕으로 배워야

物神時代 · 320

잘못 꾸짖으며 든 백성들 매는 회초리 아닌 따스한 손길이지
맞은 앙가슴 못이겨 성질내면 소인배 주먹다짐
잘만해봐, 때리라고 내밀어도 들었던 회초리 던지지

物神時代 · 321

정적이 없으면 성군 못된다던데 얼마나 고마운가
악정의 죄인되기 보다 적과 동거하며 선정 편다는게
다만 적도 적나름, 백성 적으로 삼으면 폭군 못 면해

物神時代 · 322

남의 힘 업고 쓴 역사, 끝내는 짓눌린 무게에 허리 못 펴
업지도 업히지도 말고 제힘으로 허리 펴고 써야 정사돼
읽었잖아, 허리 구부리고 쓴 역사 부끄러운 한짐 기록이었던 걸

物神時代 · 323

옛날관 달라 요즘세상에선 三頭六臂론 어림없어
머리 위엔 핵 미사일 먼저 날고 동·서·남·북·상·하
여섯 팔 뻗힌 곳엔 탱크·전함·대포들이 미리 막고 있거든

* 삼두육비(三頭六臂) : 머리 셋, 팔은 여섯이란 뜻으로 괴상할만큼 힘이 세다는 뜻.

物神時代 · 324

6·2 선거후 장고의 침묵이냐, 7월 만회 후 일갈 준비 중이냐?
MB 침묵 놓고 입방아들 고소하게 추측 빻아내던데
잘 됐지, 쓸데없는 옹고집보다야 침묵이 훨 났지

物神時代 · 325

MB 침묵 놓고 왜 침묵이냐 답답해들 하던데
원래 패자는 말이 없는 법, 설혹 한 대도 귀 기울이겠나
귀번쩍 뜨일 말 하나 있긴 한데, 그분 사전엔 없어서

物神時代 · 326

나로호 2호도 발사실패, 걱정마, 실패는 성공의 어머니잖아
어머니 좋아하시네, 실패란 성공의 반대일 뿐이야
실패의 반대어법, 한데 과학은 문법과 다르거든

物神時代 · 327

6·2선거 여가 잘못해 지고, 야가 잘해서 이긴줄 아나
돌아가는꼴 하지저분해서 국민들이 빗질 좀 한거야
한데 여직도 빗자루 잡을 생각 못하는 집 있어서

物神時代 · 328

쓸데없는 백마디 말보다 쓸데 있는 한마디가 명언이지
헌데 귀에 따라 명언 듣기를 달리하니
党나귀 귀엔 명언도 編戶民 귀엔 헛소리로 들리거든

物神時代 · 329

옛날엔 못살겠다 갈아보자가 정치 구호였어
헌데 지금은 달라, 잘살기 위해 갈아보자여
잘살기 위해 갈자는데 누가 마다해

物神時代 · 330

자살율 1위에 교통사고 3위, 암 사망율 5위로 상위권
헌데 독서율 꼴찌에 환경투자도 꼴찌로 최하위
OECD국가 중 창피 못 면한 상·하위가 죄다 코리아차지라니

物神時代 · 331

일간신문 발행부수 OECD국가 중 5위로 최상위권
문제는 내용인데 많이 찍을수록 덕될게 없을 듯
지면마다 정치싸움에 성범죄, 살인강도 천국이어서

物神時代 · 332

UN조사결과 전자행정 세계 1위가 코리아
청렴행정 등위가 있었으면 몇등이나 됐을까
글쎄, 현금 유혹엔 워낙 허약체질이어서

物神時代 · 333

저혈당이란 말 70넘어서 처음 들었다
그만큼 무지했든지, 아니면 건강했든지 둘 중 하나
문제는 무지와 건강이 둘 다 약으론 못 고치는 병이었단 사실

物神時代 · 334

나랏님 재상들께 간곡히 낮은 자세 당부
이 말씀 거꾸로 풀면, 여태껏 높은 자세로 군림 했단 뜻
나라의 주인인 백성위에 있었다면 머슴이 주인위에 있었던 셈

物神時代 · 335

나랏님 덕목 1조는 민심이 천심이란 말씀 좇음일 듯
나라의 주인인 민심섬김이 곧 천심 섬김 아니던가
'하느님이 보호하사' 애국가 한소절도 이를 말해줌이거니

物神時代 · 336

낮게 낮게 더 낮게 낮추기완 달리
높게 높게 더 높게 고공행진의 공공요금, 아하
높낮이가 맞물려 돌아가는 씨아귀에 끼인줄 미처 몰랐네

物神時代 · 337

천안함 대응 미조처 엄포완 달리 알고 보니 헐렁한 밧줄
죄면 죌수록 북 체제 유지 도와주는 꼴만 돼
울며 겨자 먹기가 돼버린 입장 아닌 맵고 쓴 입맛

物神時代 · 338

가려서 한 참말도 일단 의심되는 세상에
거짓말을 하고도 하지 않았다고 또 거짓말이니
혀가 둘 아니고서야 그럴 수 있겠나? 혀 둘인 것이 뭐더라

物神時代 · 339

미·영·일·독은 세계 선진강대 1등 국들
코리아라고 빠질 수 있나, 우리도 그들과 함께 1등 국인걸
헌데 1등이란 게 자라나는 청소년 성범죄가 1등이어서

•

박진환 시인은 전남 해남 출신으로 동국대 국문학과를 거쳐 중앙대 대학원을 졸업(문학박사)했다. 1960년 동아일보 신춘문예(詩) · 1963년 自由文學(문학평론)으로 문단에 데뷔했고, 국제PEN 한국본부 사무국장 및 이사를 역임했다. 제9회 시문학상, 제3회 비평문학상, 펜문학상, 윤동주문학상 등을 수상했으며 한서대학교 교수 및 예술대학원장을 역임했다, 현재 월간 『조선문학』 발행인 겸 주간으로 있다. 중요 저서로는 시집에 『귀로』, 『사랑법』, 『꽃시집』, 『三行詩抄』 I ~XI 『諷詩調』, 『박진환시전집 I · II · III』 등 32권의 시집이 있고 평론집으로는 『한국현대시인론』, 『현대시론』, 『21C시학과 시법』 등 다수와 『한국시의 공간구조연구』, 『21C 시학』, 『시창작론』 외 다수의 역저가 있다.

•

조선문학시인선 · 294

諷 詩 調 · 14

物神時代 · III

2011년 6월 20일 인쇄
2011년 6월 30일 발행

지은이 / 박진환
발행인 / 박진환
펴낸곳 / 조선문학사
등록번호 / 1-2733
주소 / 110-092 서울 서대문구 홍제2동 96-4
대표전화 / 730-2255
팩스 / 723-9373

ISBN 89-93614-60-2

정가 8,000원